그건 가슴이 뭉근해지는
일이었습니다

윤 여 시집

그건 가슴이 뭉근해지는 일이었습니다

초판 발행 | 2025년 11월 17일

저　자 | 윤　여
펴낸이 | 강용혁
펴낸곳 | 북비스타
출판사등록 | 2023년 3월 30일 (제386-2023-000031호)
주　소 | 경기도 부천시 지양로158번길 63-3 B02호
전　화 | 032-663-7700
이메일 | bookvista01@gmail.com

ISBN | 979-11-982865-4-3 (03810)

ⓒ 2025. 윤　여 All rights reserved.

이 책은 저작권법에 의해 보호를 받는 저작물이므로
무단 전재와 복제를 금합니다.
잘못된 책은 구입하신 곳에서 바꿔 드립니다.

시를 안다는 거
그건 행복이었습니다

시를 쓴다는 거
그건 축복이었습니다

그건 가슴이 뭉근해지는
일이었습니다

차례   그건 가슴이 뭉근해지는 일이었습니다

1부   옛날 옛적

무심소요 11

재灰 12

어제 13

회상 14

미답未踏 16

트랙 2 18

바라보다 19

바다 20

묵상 21

상생 22

씩씩이 23

가假꽃 2 24

2부　동행

누구 달?　27
아이야　29
민들레 여행 2　31
관계 설정　34
예쁜 사람　37
비 1　38
손수건　39
그 애　41
알고 보니　42
비 2　44
마지막 잎새　45
홍가시나무　46
내 것　47
태양　48
어느 날 어느 날에　49
완생　50

3부 내가 사는 제주

장마 53

썰물 밀물 54

성산 대수산봉 56

2023 태풍 '카눈' 59

경이 61

초입 63

뒷산 65

화장 67

늦바람 69

제주의 봄 70

수선화 1 72

수선화 2 73

제주 바람 부는 언덕 74

액자 76

4부　길목

틈 79

다시 80

자화상 1 82

자화상 2 83

시선 84

보고 싶어졌습니다 86

환생 87

봄 88

보라 89

가깝고도 먼 당신 90

문화충돌 91

굿 파트너, 베스트 프렌드 92

절친 1 93

절친 2 94

아지트 1 95

아지트 2 97

아지트 3 99

너 나 100

5부 연착륙

민달팽이 103

새 한 마리 104

백두 살 할망 106

부부 107

그의 사랑 2 109

사람 꽃 1 110

사람 꽃 2 111

그대 112

그 114

집돌이 남편 115

인연 116

버스 정거장에서 117

어쩔 거나 118

자리 119

사진 출처 121

1부
옛날 옛적

무심소요

어제의 나를 훔친 시간은 말이 없고

말 없는 시간 앞에 나는 또 홀로 앉는다

어제를 벗기가
내일로 나아감보다 힘들다

어제의 나를 버리지 못함은
어제의 나는 내가 아니었으리

버리지 못하는 어제가
나를 욕되게 하고 있다

재灰

시간이 익어간다
몸을 태워

저기
저어기

매캐한 저감장치

날 버려두고 달린다

시간이 발갛게 물든 건
자신의 몸을 태운 것이다

남는 건 한 줌 재灰

어제

나의 시간이 그리워질 때
그 시간을 잡고자 난 글을 쓴다
이 시간을 정형화시키는

10, 30년 후 그때는 무엇을 바라보고 있게 되는지
를 상상하며

오늘날 선물처럼 내 인생의 보상처럼 다가온 시
내 물음의 답
내 울음의 답
내일을 잡고 난 무엇을 하고 있을까를 생각해 보기
도 한다

어제의 나를 읽으며
나를 다독이는 큰 형님 같은 나를 상상하며

회상

전해 들은 옛날 옛적 이야기
누님 집에 첫인사 오셨다던 외숙모님
한여름
세숫대야에 담겨 있는 나를 보았고, 인사를 끝내고 나오도록 세숫대야에 그대로 앉아 있더라는 나의 전설 지금도 나는 그 세숫대야에 잠겨있다 한 사람을 만나 인생행로가 바뀌었음에도 불구하고... 내 젊은 날의 추억의 한 페이지를 장식해 주셨던 분 그 사람도 외숙모님이셨다 소위 다방이라는 곳에서의 수다를 마다하지 않아 주셨고 그 시절 나팔바지를 이리저리 돌려가며 골라골라 입혀 주셨던 분 영등포 연흥극장 〈포세이돈 어드벤처〉를 화면 한가득 선물하셨던... 날 닮아 둥글납작 못난이 삼 형제 중의 둘 잠시 나의 피난처가 되어 주기도 하셨던 분이다 내가 철들어 그 사랑의 바통터치를 못해본 채 우린 헤어졌다 아주 더 먼 곳으로 가버린 그분 때문에... 그분의 기억 속에 나도 한 자락은

같이 했었던 걸까 돌아가셨다는 소식을 들은 후의 해후 꿈에 다녀가셨다

나도 한 번은 보고 싶다 그분의 막내딸 요원한 일이겠지만 소원해 본다 만나질 수 있기를... 얼마나 따뜻한 분이셨던지 전해주고 싶다 일찍 여읜 엄마에 대해

미답未踏

매미는 여름이 갈까 울고
귀뚜라미는 가을이 갈까 운다

순환되는 계절의 의미는
묵묵히 자기 길 가는 나그네

인간만이 시간의 모습을
고스란히 몸에 담는다

한 발 물러서
두 발 딛고

앞선 두 발
한발 앞서가는

한 발 물러서련다

차례대로

트랙 2

어쩔 수 없이 오늘도 난 또 달린다
어딘가에서는 기다려 줄 님을 향해
부디 용서하시길
임 향한 일편단심
난 이 길로
당신은 저 길로
끝은 있겠죠?
기다려줘요
불꽃이 사그라질 때까지

바라보다

오른뺨
내어 주니

왼뺨
달라 하네

오래된 나

한 발
물러서 있다

바다

더는 울 수 없는
더는 소리내어 불러볼 수도 없을 떨림도 있다

아직도 사랑이 남은

바다는 말이 없다
사랑하는 이만이 사랑에 몸이 저릴 뿐

안아줘
그 사랑의 목마름을

묵상

그건 외로움이 아닌
온 우주를 잠재우는 시간

자기만의 완성

구멍난 틈을 막는 맞춤형 돌쩌귀가 꼭 있을게야

상생

나 하나 사랑하지
못함이에랴

사랑하자

살아야지,
살기 위해

같이

씩씩이

그래
웃어야 너답지

같이 웃어줄게
그것밖에 없어서 미안

웃을 일만 있기를
기도한다

假假꽃 2

나의 끝이 어디일지 나도 몰라요

미리 겁내지 마세요

난

기다릴 줄 알았고

희망도 저버려 본 적이 없었다 하겠습니다

바라본 곳은 앞이었는데

샛길로 들어와 있더군요

2부

동행

누구 달?

"봐봐, 달이 창문에 떴네?"

한 술 더 뜨는 웅이

"어? 안 보이네?"

앉았다
일어서기를 반복

서면 보이고
앉으면 안 보이는

끝내지 못한 술래를 안고
달나라로 갔다

이태백이 놀다
버린 달

오늘은 옹이가 주웠다

아이야

1
별이 빛나는 건 네가 반짝이기 때문이야
봐 봐
친구들이 많이 놀러 왔잖아?

넌 희망이야
모두를 빛나게 만드는

2
난 세 살 시인
세 살 웅이가 보고 싶다
웅아
놀러 가자
너를 헤이다 별이 된 사람에게로
우리가 빛나면 웃게 될 거야
그니가

그니의 가슴에 알알이 박힌 별이 되자

그니가 웃도록
그니의 희망이 너희였었거든

3
하늘이 쏟아지면
별이 걸어 들어오겠지?

별밭에서 웃고 있을 그를 보고 싶다

가자
그가 있는 곳으로

그가
마음껏 웃어볼 수 있도록

민들레 여행 2

너무 빨리 왔나
민들레 씨

영글었다, 많이

눈물 한 바가지
반가움은 두 엄마의 몫

참 나 원

기억한단다,
나를
그
쪼끄마한 것이

나보다 먼저 풀어놓는 추억

물고기가 찌그러졌노라고

미안했다
물고기가 찌그러지게 해서

잘 키워줘서 고맙다 한다

세 살 버릇 여든까지 간다는 시기
우린 그 시기를 같이했다

그 아기도 나도

우린 아마도 영원한 세 살 아기일지도 모르겠다
이때를 빼놓고 너와 나의 인연을 정리할 수는 없을
테니까

우리 영원한 여행을 해보자

역시나 그 끝에 무엇이 있을지

잠시 머물러 본다

작아지는 내가 사랑스럽다

관계 설정

관계는 기억으로 소환되는 것

잘못했어
기억 한 자락 깔아 놓고 왔을 걸
난 항상 함께 했던 시간을 지우듯 그렇게 떠나왔
었지

먼저 짓지 못하는 인연

다음에는 먼저 손 내밀어 볼까
그것이 가능할까

내가 너일 수 있어야 한다는 복선伏線

스쳐가는 인연 중에 예외적 이름이 다가온

너에게서 향기를 느꼈고

너는 미래의 향기에 취할 줄 아는 사람이었다
고나 할까
너는 내 모성본능을 불러일으켰다고나 할까
세상에 첫발 디딘 내 아들 같은

이제야 관계를 찾아갈 수 있게 될 것 같습니다
관계는 네가 나여야 하는 것만이 아닌
그냥 너만 있으면 되는 것이었다는 것을

그냥 거기 그 장소 그곳에 우리가 함께했었다
는 거

관계는 그렇게 이어졌다 끊어졌다
다시 이어지기를 반복하는 것
사라지지 않고 우리 주위를 맴도는 거

관계는 그럴 때 완성되는 것이었습니다

이제야 하나의 벽을 넘는 것 같습니다

예쁜 사람

예쁜 것만 듣고
예쁜 것만 보고
예쁜 것만 말하고 싶다

작은 상처에 멍들고
싸한 시선에 상처받고
상처받은 자리가 곪는다

아물어 붙은 딱지

뗄까
말까

비 1

받아줄게
너의 눈물

내 눈물 보탤게,

울지마

너 있는 곳까지 다다를게

손수건

이별만 있었겠거니
그녀만의 눈물이 흐른다

나에게 왔다 두고 간 눈물

빨고 또 빨았다

다 씻겼을까

4등분으로 접고
2등분으로 풀어본다

자국이 없다

바짝 열 오른 다리미로 폈다

동생, 깨끗해졌어

또 빨아 줄게

또 와

언니, 그건 아니죠

암만

그 애

누가 볼까
웃는 여자

나를 보며 말하면서
시선은 피하는 여자

그녀가 바라보는 쪽

없다,
아무도

채워줄 수 있는 게 아무것도 없었다

그 애가 좋아하는 노래를 듣는다

거기서 그 애가 울고 있다

알고 보니

쓸쓸함이 묻어나는 여자

나를 보는 것도 아닌
어디를 보는 것도 아닌

어딘가에 있는
자신을 바라보나 보다

똑바로 볼 수 없어
나도 먼 데를 본다

자신을 나에게 내려놔도
되냐 한다

그 자리에 있어만 줘도
된다 한다

같은 곳을 바라봐 줄 수 있을까?
내가

비 2

비가 온다
평생 내릴 비가 한꺼번에

아냐
씻겨주는 거야

감당할 수 없는 무게라서

힘내

그 눈물이 대지에 힘을 줄 거야

그 자양분에 꽃이 피면 너의 봄날이야

에둘러 핀 꽃

마지막 잎새

희망 한 자락

모두가 모르게 실로 꽁꽁 묶었다

풀어줄 누군가를 기다리며

홍가시나무

삼색조

붉었다

푸르렀다
다시 붉는

겨울에도 지지 않는 만다라트

기억 없는 청춘이 시들었다

찔러본 적도 없는데

내 것

흘러내리는 잉여는 제 것이 아니게 살았습니다

아마도 그릇이 너무 작았었나 합니다
이제야 후회합니다
그릇을 조금만 더 키웠을 것을

조금 남은 내 것이 안쓰럽게 되었습니다

태양

이 밤이 가면 슬픔아 안녕

내일은 아직 오지 않은 오늘

너는 나의 내일

이제 내가 대신할게

오늘 펑펑 울어본다

어느 날 어느 날에

울어지던 날에
흘러가던 날이 있었지

잊어지기를 소원하던
이루지 못해 울던

그건
사랑이었고

지금도 사랑이다

사랑하는가

사랑하기 위해 살지

어느 날에 어느 날까지

완생

이게 사랑이라면
사랑 앓으리

이게 사랑이라면
뭘 망설이리

내가
너에게로 가는 중

9분 능선

3부

내가 사는 제주

장마

반짝 열린 하늘
온갖 날 것들의 출현

마당 넓은 우리 집
가끔 호강이다

좋아 어쩔 줄 모르겠다는 듯
난장이다

산다는 건
격정

썰물 밀물

물 빠진 신양리 바닷가 모래사장

수없는 바다 생물

누가 더 아름다운 집을 짓는가
경연의 시작이다

잠시 잠깐의 수상 가옥
정신의 필력들을 쏟아낸 듯한 서체의 경이를 방불케 한다

곧 매몰될 스르짐에도 아랑곳없이

서서히 물이 들어오기 시작한다

기다리고 기다리던 생의 환희를 맞는 것일까

물의 고향으로의 귀환인 것일까

다시 물은 빠질 것이고
이들은 또다시 그 치열한 고군분투를 이어가겠지?

그 인내의 시간을 꽃으로 승화시키는 미당美堂에 대해

성산 대수산봉

대수산봉은 이미 봄을 안고 저만치 와 있었다
지천에 깔린 봄의 친구들 앞에 앉았다
지나는 길손
"뭐 하세요?"
"네, 지난 봄을 소환하고 있는 중입니다"
"아~ 봄"
수줍던 열아홉 살이 그리워

생각보다 많이 오르내리는 등반객들
동네 수산봉이니 모두가 한 번은 스친 인연들이었으리
주고받는 인사가 스스럼을 넘는다
숲이 주는 피톤치드 효과까지?
한곳에 머물러 있다는 동질감이 주는 여유이리라
대수산봉에서 내려다본 바다 수면은 고요하다
내면을 숨긴 채
그 무한대가 주는 평온함이 사람을 자극한다

손오공 부처님 손바닥 같은 모습으로
성산일출봉이 주는 포효는 마그마가 끓어오를 듯
내 심장이 뛴다
그 심장을 잠재울 듯 느긋이 누운 우도
지형지세가 주는 힘
성산일출봉을 이곳에 있게 하였고 우도가 주는 느긋함은 열을 식히게 한다
꾸불꾸불 경계 지은 검은 밭담들은 한 폭의 명화를 뿌려 놓은 듯하다
노란 유채, 청보리, 미처 수확을 다 끝내지 못한 겨울무까지
계절의 경계까지 없는 곳
풍상을 견디며 꿋꿋이 살아낸 제주민들을 닮았다고나 할까

모두가 내려간 자리
원래 그 자리가 나의 자리였었던 양

쉬이 돌아오지 못한다
다시 한번 눈에 넣고 마음에 넣고 돌아왔다
다시 올 약속을 내려놓고

2023 태풍 '카눈'

정확-히
22:20

문을 열고 바라보다

작은 바다가 출렁인다

영락없는 바다다

마당이 숨 가쁘다

더는 볼 수 없어
문을 닫았다

할 수 있는 게 없는 게

맞았다

노아의 방주가 된 느낌이다

뭐라도 해야 했다

방주의 문고리를 꽉 잡았다

바다 가까이의 삶은 바다가 된다

경이

깊은 산속 석양이 비끼니
지는 아침이다

지는 해를 향해 경배의 잔을 든다

찾아올 사람도
떠날 사람도 없는 숲에

잠시 잠깐이나마
빛이 찾아주었다

보낼 사람도
따라갈 사람도 없는 숲이

석양을 배웅한다

주는 대로 받고

가는 대로 보낸다

어둠이 고요에 잠들다

초입

어제의 봄이 길 떠날
채비를 서두른다

어느새

묵직한 어둠이 새벽을 맞는다

그렇구나

자연도 길 떠날 때는
소리 없이 자신을 내려놓는가 보구나

오늘따라 미동도 없이 고요하다

하나 둘 화장의 시작이다

자연으로 가는 길이 이와 같다면

기꺼이 나도

한라산 중산간 길이
나를 인도하다

뒷산

모진 풍파에도 살아남은 저력
당연처럼 한라산이 버티고 있다

동네 뒷산쯤으로 여기는 공생의 삶 같은 거

까만 얼굴쯤이야 한다

어느 날부터 나도 민낯이다

훈장처럼 달고 다니는 주근깨
바람에 맞선 큰 목소리들

우레 닮았다

삶의 본질이었으리

묵묵히 끈질기게 버틴

승자도 패자도 없는
제주

내가 사는 곳은 제주 동녘 성산포

서귀포로 넘어올 때마다 나는 환상에 젖는다

저기 저곳에 있는 한라산 때문에

거짓말 같다

네가 이곳에 있다는 것이

내가 이곳에 있다는 것이

화장

단박에 빠져들었던 제주

과거를 잊어도 좋을

제주 양지공원
어르신들 왈,

"나도 여기서 화장할 거" 하신다

나도

하늘을 한번 쳐다봤다

제주민들의 돌아감은
그곳이 자연이라는 걸 살면서 알게 되었다

이제

제주를 떠난다는 건

스스로의 귀양이다

늦바람

바람이 전해온 뒤늦은 소식
한바탕 마당을 쓸고 간 자리에는 남은 것이 없다
어느 시를 뿌려 꽃피워 볼까
꾹꾹 눌러쓴 꽃 편지는 어디로 날아갈지
그 바람의 마음 얻어 보고 싶다

제주의 봄

밀 밭의 보리
제주 청보리

눈먼 회색 지대를 벗어난 녹색市
이단아

피고 지고 지고 피고 짐이 없다
봄이 있을 뿐

왔다가는 봄이 아닌 1년 열두 달이
봄인 나라

철없이 날뛰는 철부지처럼 온다

제주의 잠드는 봄을
나는 보지 못했다

제주는

사시사철이 푸른 나라다

수선화 1

그를 만날 때마다
사랑에 빠집니다

그가 좋아했었다는 이유 하나만으로

이제는 그가 바라보던 수선화가 아닌
이제는 내가 그를 바라보는 시선이 그곳에
어리어 있기를 바라지요

내가 느끼면 그것도 사랑인가 싶지요

그가 사랑했던 것처럼

수선화 2

할 말 잊어 꽃으로 돌아온 그대

어디에 있어도 그대다운 이름

네 마음 같아 시린 꽃

그대만 한 겨울은 없음이야

제주 바람 부는 언덕

억새가 통곡한다

이리저리 몸 틀며

곁에 있어볼까
하고픈 말 들릴까

난 알아
넌 억세지 못하다는 걸

나만은 들어줄게
너의 이야기를

내 손잡아
그럼

우린 둘이야

그때는

액자

제주 밤하늘이 도화지 안으로 들어왔다
씻은 듯 투명한 보름달이 눈앞에 와 앉았고
밝게 빛나는 금성은 색이 입혀졌다
노랑 주황의 조화
솜방망이처럼 부푼 밤 구름이 손 닿을 듯
이웃집 지붕에 걸렸다
계절 따라 멀어졌다 절기 따라 따라붙는다
멀어졌다 가까워지는

시인의 세계도 소설도 필요 없는 나라
동화 속 주인공들이 제주 밤하늘에 이야기를 풀어 놓는다
어느 하늘에 비추어도
액자 속 그림이 되어 걸린다

백야 닮은 제주의 보름달

4부

길목

틈

말이 새고
바람이 샌다

작은 구멍으로 내다본 세상은 넓었다

주객전도

입이 세상을 작게 만들었다

다시
시멘트를 바르고 회를 친다

다시 틈이 열릴 땐
사방부터 허물자

벽 없는 세상을 향하여

다시

생명은 푸르다

물먹은 화초가 빛을 발한다

한 달 만의 귀가

주인 발자국을 기다리듯
현관을 향해 드러누워 있다

화분부터 끌어안고 욕실로 향했다

숨조차 할딱이지 않는다

돌아올 것 같지 않은

용서할 수 없다는 듯 눈길조차 주지 않는다

나 역시 지친 육신을 뉘인다

하!
모두가 먼저 일어나 나를 기다리고 있었다

너도 어서 일어나라고

고마워
기다려줘서

산다는 거
그게 우리의 생

자화상 1

자신 속의 죄인을 붙들고 복역 중이다
기꺼이

안 되는 것도 있고
못 하는 것도 있고
미안한 것도 있다

삼불가三不歌

자화상 2

보고 싶은 사람
사랑이 아니어도

치우침도
모자람도 없는 사람

보편타당성을 잃을 일인지 모르지만
전 사랑이거든요

그런 사람이고 싶습니다

시선

1
이것도 싫고
저것도 싫은

이것도 좋고
저것도 좋은

나는,
모르겠다, 괴롭다

괴로운
너
때문에

2
내 속의 말이 너의 말이 될 때쯤이면
늦으리

나를 바라봐

살아 있는 나의 눈은 하늘의 별이 될 거거든

날 바라보면 네 눈에도 별이 들 거야

봄이 일직선상에서 도망 중이다

사랑은 나 떠난 뒤 운다

보고 싶어졌습니다

정이 들었습니다
내 남자처럼

사랑이냐고요?

아니요
사람의 정이요

정은 그렇지 않나요

사람만 좋아도 사람 좋은 세상

좋아합시다

사랑처럼

환생

어둠도 잠든 시간
잠 못 드는 시인의 방

빛인가 하니 꿈

밤새 이슬 머금은 소낭
툭 치니

눈물이 비처럼 쏟아내린다

화들짝

소낭이 눈물 흘리는 건
시인이라서 가능하다

* 소낭: 소나무의 제주어.

봄

진 꽃에는 기억이 없다

나의 봄은 윤회야

예순아홉 번의 봄
봄단풍

봄볕에 가을
밉지 않은 오리 새끼

화룡점정
젊음만 있겠거니

오늘은 나만이 봄인 듯하다

보라

빨
주
노
초
파
남

점 하나 찍고 싶은

내가
너일 수 있는

기다려도 될까
널

가깝고도 먼 당신

같이 할 수 있을까

모르겠더군요

당신의 시선

얘기해 봐요
내가 누군지

문화충돌

내버려 주세요

또 하나의 나와 충돌 중입니다

아직 당신을 모르겠거든요

당신의 그림을 보고 싶어요

그려주세요

제가 읽어 볼게요

제 눈은 피카소의 심장에 있습니다

굿 파트너, 베스트 프렌드

꿈꿔볼까, 나도
우린 기운 운동장을 만들지 말자

늦게 만난 만큼

절친 1

훑어보고
쓰다듬고
품어본다

나의 시집

나만큼의 내 시집을 안아준다

내동댕이쳐지듯 버려졌던 내 삶의 상념들
그녀가 보듬어준다

일거수일투족 나 아닌 것이 없는 너

연緣

절친 2

나 때문에 웃어본 적은 있어도
너 때문에 웃어본 적은 없었어

넌
날
웃게 해

나도 알아
너도
나 땜에 웃고 있다는 걸

처음부터 넌 묘했어
그 묘함에 끌린 나는 또 무엇?

눈에서 꿀이 뚝뚝 떨어진다

아지트 1

그냥 지나칠 수 없는
그녀 닮은

그냥 나왔다
보고 싶어

말없이 기다려 주고 있었다
그냥 기다리고 있었노라

좋다, 이유 없이

두 평
인공 오름

두 키 정도

여기도 딱 한 사람 더
들어올 수 있는

언젠가 데려와야지

오늘은 살쩌기 올드 팝송을 틀었다
비트박스
믹싱

봄이 오고 있다

아지트 2

네가 생각날 때면 떠오르는
너와 나의 대명사

오늘은 물어봐야지
너와 함께해도 되는지

내일은 물어봐야지
너의 나는 누군지

아지랑이 닮은 너
내 심장은 터질듯해

봄의 마그마

그 심장부에서 바라보고 있어

두 키 높은 아지트

넌 서서 바라봐
난 앉아서 맞을게

그때는 올드 팝송이 아닌
베토벤의 합창을 들어보려고

내 스스로의 답을 찾아

아지트 3

올까

언제나 저만치 있는 너

나만 아는 너

너는 아닐 수도 있지, 네 마음이니까

한번은

얻어 보고 싶다

너와 나

너 나

말하지 않아도
설명하지 않아도 나를 아는 사람

네가 그래

5부
연착륙

민달팽이

껍데기도 뺏기고
알몸만 남았다

어쩌자고

물큰한 뱃살 같은 멍에를 진 당신을
혐오할 수 없는 이유입니다

그의 뜻은 아니었습니다

안데르센의 행복한 왕자이고자 했을
뿐이었습니다

어딘가에 숨어 있을 당신을 응원합니다

새 한 마리

너른 마당을 휘적인다

남편은 떠난 어머니를 생각하고
난 날아간 어머니를 붙들고 운다

마당 한켠

'저 꽃 피는 걸 보고 갈 수 있을까' 했다던 칸나
주인 없이 화려하기만 한데

가고 없는 어머니를 붙들고 울고 있는 내가
나도 모를 일이다

각시 찾아 '너네 고향 가라' 했다는 어머니를
붙들고
남편도 운다

보내지 못하고 있는

남편의 심정이 더 서럽다

백두 살 할망

오늘도 할머니는 길을 나선다
거북 숨결 닮은 1분에 한 걸음
1세기의 무게가 발에 실렸다

지난한 세월에 대한 호령인가
대로를 가로지르는 백두 살 할망
차가 숨을 고른다
천천히 아주 천천히
할머니 발걸음으로

* 할망: 할머니의 제주어.

부부

1
선택받은 남자
내 아버지의 사위
아버지 살아생전
"자네도 마음 쓸 곳이 많을 것일세 하필이면 맏사위로 들어"

2
선택받은 여자
당신 어머니의 며느리

3
내가 더 고마워요
내 아버지 엄마를 진짜 아버지 어머니라 여겨줘서
내 동생들을 진짜 동생들로 여겨줘서
50년 만에 우는 막내의 눈물 앞에 같이 울어준 당신

4
여보

내 여보 역할하느라 고생 많았어요
아버지가 저를 잘 키워 주셨지만 그만 실수를 하신 게 있으셨나 봐요
고집 빼는 걸 잊으셨더라고요
제 잘못만은 아니랍니다

해바라기 남편을 살고자 했었던 건 당신이었어요

이제 제 차례입니다

그의 사랑 2

한 사람의 이야기를 경청한다는 것은
사랑의 시작이다

그를 알 수 있는

수많은 시간이 주는 답
그의 올바름은 나를 사랑하는 것에 있었다

그가 떠난 후 울지 않기 위해
오늘을 사랑한다

사람 꽃 1

'나'라서 행복하다는 사람

나를 살게 하는 사람

행복은 그 마음을 훔친 자의 것입니다

사람 꽃 2

네 마음이 피었다면

그건 꽃이다

나를 예쁘게 만드는 사람

네가 꽃이다

그대

어른거리는 음영은
저만치 도망가고

어느 날부터
그의 모습이 음각되어 박힌다

홀로 남게 될 그림자

어제를 잡고 싶음인가
홀로될 미래에 대한 준비인가

비어가는 한 쪽 가슴을 채운다

자고 일어난 그의 얼굴이 평안해 보였다

'부처는 내 안에 있다'

부처님 말씀에 두 손 모으다

그

기다려 주는 사람 있어

올라가 보고 있는 중입니다

집돌이 남편

삼식이는 삼식이인데
착한 삼식이

돌아온 집에 그가 있어
사람 사는 집이 된다

불빛이 따뜻하다

'돌아올 사람이 있는 집'이라 한다

인연

빛이다
서로를 비추는

한발 물러설게
나에게서

나의 빛이 되었을 때
우린 하나가 되어 있었다

이미
그때

버스 정거장에서

아픈 아내를 부축하는 남편
한 닢 낙엽처럼 흔들리는 아내

그 아내를 내려다보는 남자의 눈에 신이 어린다

그 신을 바라보는 아내의 눈에도 무한이 담긴다

남남 관계

연이라고만 할 수 없어
지어진 이름

부부

고맙게도 나에게도 신의 눈빛이 있다

어쩔 거나

ㅇㅇ시장 버스정류장
노상 야채장사 아주머니

비닐봉지에 싸인 밥 덩이
쌈장 하나

모두의 시선이 쏠린 식사

아랑곳없다, 허겁지겁

자식의 마음이 되어
울어졌다

자리

우린 공동의 타인

선善은 또 하나의 우리

바람에 문고리가 흔들린다

사진 출처(원본)

· 표지 그림: by [Annabel_P] via Pixabay